J'ai voulu, avant de me rendre au Corps-Législatif, me mettre en rapport avec vous, représentant naturel du pays, et vous consulter sur les grandes lois qui nous préoccupent tous. Les affaires de votre commune et celles de vos administrés seront, en même temps, de ma part, l'objet d'un examen particulier.

Je soumets à toute votre attention le travail ci-dessous, avec l'espoir que vous voudrez bien, en cette circonstance, m'aider de vos conseils.

Je serai à Mauvezin dimanche prochain **10** du courant, à une heure de l'après midi ; je vous y attendrai à la maison commune ;

A Cologne, lundi **11** du courant, à une heure, *idem* ;

A l'Isle-Jourdain, mardi **12**, à une heure, *idem* ;

A Lombez, mercredi **13**, pour les contrées de Lombez et Samatan, *idem* ;

A Saramon, jeudi **14**, à une heure, *idem* ;

A Gimont, vendredi **15**, à une heure, *idem*,

A Auch, samedi à une heure, pour les deux cantons d'Auch, *idem* ;

A Jegun, dimanche **17**, à une heure, *idem*.

---

MONSIEUR LE MAIRE ET CHER COMPATRIOTE,

Trois projets de loi d'une importance exceptionnelle seront soumis, dans le courant de ce mois, à l'examen du Corps-Législatif. De ces lois dépendent l'indépendance, la grandeur, la tranquillité et la prospérité de la France. La responsabilité de l'adoption ou du rejet de pareilles lois jette, je ne le cache pas, le trouble dans mon esprit ; je sens le besoin de vous consulter, ainsi que vos collègues, d'entendre votre opinion, d'écouter vos conseils, car la sagesse de tous est toujours plus grande que la sagesse d'un seul, quelque soit l'élévation de son esprit et la profondeur de son jugement. Etudions ensemble les trois projets de loi dont je vous envoie le texte et cherchons si, dans leur principe et dans leur application, ils peuvent assurer ces grandes choses dont j'ai déjà parlé : indépendance, grandeur, tranquillité, prospérité.

Ces trois projets de lois sont :

1° Le projet de loi relatif à l'armée et à la garde nationale mobile.

2° Le projet de loi relatif à la presse.

3° Le projet de loi relatif aux réunions publiques.

Le projet de loi relatif à l'armée a été conçu après la guerre de la Prusse avec l'Autriche, guerre dont les résultats ont amené cette nouvelle organisation militaire de l'Allemagne qui change complètement les conditions défensives de toutes les puissances européennes. En présence des faits qui se sont accomplis, au spectacle de ces annexions violentes qui sont l'expression du mépris du droit au profit de la force, tous les gouvernements se sont émus et chacun s'est empressé d'augmenter ses forces militaires. L'Empereur, qui a la garde de l'honneur et des intérêts de la France, n'a pas dû rester en arrière.

L'effectif de l'armée sera, d'après le projet de loi, de 800,000 hommes. Le principe du recrutement ne change pas. L'augmentation de l'armée a lieu par la réorganisation du service. Il y aura chaque année un appel d'un contingent. La force de ce contingent sera déterminée chaque année par le Corps-Législatif. Le chiffre du contingent sera facultatif ; le Corps-Législatif restera juge de sa force ; il le maintiendra ou il le diminuera, selon son appréciation.

L'armée sera divisée en armée active et en armée de réserve ; l'armée active, composée de 400,000 hommes, ne dépassera pas le chiffre de l'armée active actuelle.

Un changement important, qui permettra, tout en augmentant l'armée d'une manière notable, de laisser à l'agriculture, à l'industrie, autant de bras que la loi qui nous régit en laisse aujourd'hui, a heureusement modifié le temps de service.

Le service dans l'armée active durera cinq ans au lieu de sept. Le soldat, après ces cinq ans de service, passera de l'armée active dans la réserve, où il demeurera quatre ans. La liberté du soldat de la réserve ne dépendra plus uniquement du Ministre de la guerre ; il restera dans ses foyers, entièrement libre du choix de la carrière qu'il voudra suivre, sans qu'il puisse être détourné de ses travaux autrement que par un décret de l'Empereur. Le mariage peut être permis par le Ministre pendant les deux premières années de l'entrée du soldat dans la réserve, et il peut avoir lieu sans autorisation pendant les deux dernières années de service.

L'organisation de la garde nationale mobile présente de grands avantages sur celle de la garde nationale de 1831.

La loi de 1831 comprenait dans la garde nationale tous les Français âgés de 20 à 60 ans ; elle permettait à une simple ordonnance royale de les mobiliser. Le projet actuel comprend seulement les jeunes gens qui auront été exemptés par le numéro de leur tirage, ceux auxquels il aura été fait application des cas d'exemption prévus par la loi de 1832, et enfin les militaires de la seconde portion du contingent qui auront accompli cinq ans de service dans la réserve. La durée du service sera de cinq ans pour les premiers, et de quatre ans pour les derniers. L'appel à l'activité ne sera autorisé que par une loi.

A l'exonération on a substitué le remplacement. Ce changement laissera aux familles la liberté de traiter directement avec les remplaçants.

Telle est l'idée générale du projet de loi dont je viens de vous donner une très rapide analyse. Il ressort de ce projet que l'intention du Gouvernement et celle de la Chambre est, tout en augmentant sensiblement l'armée, de n'imposer aux familles, à l'agriculture, au pays, que les sacrifices absolument indispensables. La pensée du Gouvernement est de créer une force défensive et non une force agressive ; on trouve des reflets de cette pensée dans ces belles paroles que vient de prononcer M. le Ministre d'Etat devant les exposants : « Placer sous les yeux du monde le spectacle magnifique et émouvant » des grandeurs du travail, n'est-ce pas répandre dans les âmes cette foi vivi- » fiante que la mission supérieure de ceux qui gouvernent est le maintien de » la paix entre les nations. »

J'espère que vous voudrez bien me confier les observations que ce projet fera naître dans votre esprit.

Le projet de loi relatif à la presse est l'accomplissement des promesses de la lettre de l'Empereur du 19 janvier. Régie depuis 1852, par un décret, elle passe du régime administratif au droit commun. L'autorisation préalable ne sera plus nécessaire pour publier un journal ; tout Français qui jouira de ses droits civils et politiques en aura le pouvoir. Les communiqués, les avertisse-ments, la suspension, l'interdiction par voie administrative n'existeront plus. La presse sera soumise, à l'avenir, à la juridiction des tribunaux ordinaires : C'est un pas dans la voie de la liberté désirée, mais ce n'est pas la liberté entière.

Le projet de loi laisse une liberté absolue à la presse littéraire, philosophique, scientifique ; il soumet la presse périodique à quelques obligations déclarées nécessaires à la protection des citoyens, de l'ordre et de la paix publiques.

Les pénalités sont adoucies, l'amende remplace la prison pour les délits.

Le cautionnement est maintenu comme garantie du paiement des amendes, et aussi pour empêcher la publication de ces feuilles éphémères, nées d'un événement du temps, destinées à agiter les passions et qui, après avoir semé, au lieu d'idées patriotiques, le soupçon, la crainte et la malveillance, disparaissent de la scène politique.

Le timbre est également conservé, d'abord comme ressource financière et ensuite parce que le journalisme est considéré comme une entreprise commerciale, et qu'à ce titre il doit supporter sa part des charges publiques.

Je ne sais si le projet de loi actuel sera plus favorable à la presse périodique que le régime administratif. Je n'oserais l'affimer. La presse périodique, sous ce régime, jouissait d'une grande liberté dans l'exercice de son droit d'examen, de critique, de censure, et dans ses écarts elle a été traitée plus paternellement que rigoureusement. Les tribunaux ordinaires exerceront-ils une surveillance moins active ? Protégeront-ils moins bien l'honneur des citoyens et l'ordre public ? Seront-ils moins sévères pour les excès ? L'avenir nous le dira.

La presse périodique n'a pas chez tous les peuples la même vie ni la même action ; elle subit la loi des habitudes, des caractères, des mœurs et des besoins ; elle diffère selon les pays. Une législation uniforme ne peut convenir. Ce qui serait sage chez une nation serait imprudent chez une autre. La législation sur la presse doit être particulière à chaque peuple.

La liberté de la presse, en Angleterre, ne repose pas, comme en France, sur un droit écrit ; elle existe au même titre que la liberté de toute autre industrie ; elle est dans la coutume, dans les mœurs, et à côté de cette indépendance si étendue, si absolue, les lois anglaises ont placé des pénalités d'une sévérité excessive. Dans ces lois, le crime et le délit ne sont pas définis ; ils empruntent leur gravité aux circonstances qui les font naître : on applique l'amende, la prison et la déportation dans des cas où, en France, la loi n'exercerait qu'une légère répression.

Pendant le XVIIIe siècle et au commencement du nôtre, la presse périodique Anglaise a été, presque toujours, dans l'exercice de sa liberté, un instrument des partis : violente, passionnée, hostile au gouvernement, dangereuse pour la société ; aussi la répression a-t-elle été fréquente et souvent sévère. Les journaux subissaient des amendes qui s'élevaient, avec les frais, à 50 et même à 80,000 fr : les écrivains étaient souvent condamnés à une longue détention, à la déportation pendant cinq, dix et même quatorze ans. Aujourd'hui la presse périodique anglaise est transformée ; est-ce par fatigue de ses luttes avec la loi, où est-ce par raison? Quoiqu'il en soit, elle est, à notre époque, modérée, digne, dévouée aux institutions, respectueuse pour la dynastie. Et lorsqu'il s'agit d'honneur ou d'intérêt national les journaux se groupent autour du gouvernement et forment un faisceau où on ne distingue ni couleurs, ni nuances. La liberté absolue de la presse n'est plus, en Angleterre, un danger permanent.

Le journal représente maintenant, en Angleterre, autant les intérêts commerciaux que les opinions politiques ; les annonces, les affaires l'occupent principalement, la politique vient ensuite ; il ne crée pas, il ne forme pas l'opinion publique ; il la suit, il en est l'écho : ce qui rend son rôle moins important et moins dangereux.

Le journal est soumis, malgré la liberté absolue de la presse, à l'impôt du timbre et à une taxe sur le papier.

La presse périodique, en France, est essentiellement politique et sociale : différente de la presse périodique anglaise, elle forme, elle dirige l'opinion publique au lieu de la suivre : de là cette force avec laquelle il faut toujours compter ; elle tient de notre caractère. Impatiente de la tranquillité, avide de nouveautés, même dans les temps prospères, elle se plaint sans cesse et cherche toujours l'inconnu. Lorsque, sentinelle avancée, la presse surveille les actes de l'Administration, signale les abus, révèle les injustices, lorsque entrant dans le monde politique, elle examine sans passion et juge avec impartialité, elle est un élément de vie et de progrès, mais si, au contraire, elle devient malveillante et systématiquement hostile au Gouvernement et aux institutions, elle est, alors, un instrument de guerre et de mort : il n'est pas de gouvernement, quelque fort et quelque populaire qu'il soit, qui résiste longtemps aux attaques incessantes des journaux d'une telle opposition. Les accusations fausses ou injustes finissent par pénétrer dans l'esprit des lecteurs, et alors si, Souverain, Ministres, Préfets, Sous-Préfets, Juges de paix, Maires sont représentés les uns, comme voulant détruire les libertés, établir le pouvoir abitraire et absolu, les autres comme des instruments serviles et aveugles, ils perdent fatalement de leur prestige et de leur autorité : avec une pareille tactique on réussit à désaffectionner les citoyens, à produire l'indifférence et à préparer le peuple à voir naître et grandir les révolutions sans s'y opposer.

Ce qui précède établit deux choses : l'utilité et le danger de la liberté de la presse périodique. Ce qui, d'un autre côté, prouve la difficulté de faire une bonne loi sur la presse, c'est le grand nombre de lois, ordonnances et arrêts qui ont paru depuis 1791 : on ne compte pas moins de quinze lois, huit ordonnances et huit décrets.

La presse périodique a, sans contredit, besoin de liberté, on doit même lui en faire une large part, mais où devra s'arrêter la liberté, où commencera la licence ?

Tel est le problème posé, j'espère que vous m'aiderez à le résoudre.

Le projet de loi relatif aux réunions publiques est, ainsi que celui relatif à la presse, l'accomplissement des promesses de la lettre de l'Empereur du 19 janvier. Ce projet de loi, qui substitue au régime de l'autorisation administrative le principe de la liberté des réunions publiques, a un côté économique et un côté politique. Dans la partie économique deux idées se font jour; celle de favoriser la formation et le développement des sociétés coopératives en leur permettant l'examen, dans les réunions publiques, de leurs intérêts industriels et commerciaux, et celle de faciliter l'exercice du droit de se coaliser.

La seconde partie est purement politique ; elle traite des réunions publiques électorales.

Ce projet de loi, avec son double caractère économique et politique, mérite une attention particulière. Au point de vue économique, deux sentiments différents et même contraires y trouvent une égale protection. Le sentiment de fraternité avec les sociétés coopératives et celui d'antagonisme avec le droit de coalition. La fraternité est un bien et l'antagonisme un mal. Je soumets ces observations à vos méditations.

Les réunions publiques politiques ont subi toutes les variations de la politique. Redoutables dans certains temps, utiles dans d'autres, elles ont été étendues, limitées, supprimées. Le projet de loi actuel autorise les réunions électorales. Le droit de se réunir n'est pas illimité, absolu : la loi entoure l'exercice de ce droit de quelques précautions commandées par la prudence.

Ces précautions sont-elles exagérées ou sont-elles insuffisantes à conserver l'ordre et la tranquillité dans les communes ?

Je me suis efforcé, dans cet apperçu très incomplet, de mettre en relief le motif d'une de ces lois et l'esprit qui les a dictées. La sécurité de la France a exigé l'une, les deux autres sont le produit de la marche rapide des idées de liberté et la conséquence du nouveau système économique adopté par la France. Ces lois doivent être examinées avec un esprit libéral, avec des aspirations libérales, mais aussi avec un sentiment profondément conservateur.

**BELLIARD,**

*Député du Gers.*

# PROJET DE LOI
*Relatif à l'armée et à la garde nationale mobile*

## NOUVELLE RÉDACTION
ADOPTÉE PAR LA COMMISSION ET LE CONSEIL D'ÉTAT
(Sous la réserve des amendements maintenus par la Commission)

### TITRE PREMIER
DE L'ARMÉE ACTIVE ET DE LA RÉSERVE

ARTICLE PREMIER. — L'armée se compose de l'armée active et de la réserve ; son effectif est porté à 800,000 hommes.

Elle se recrute :

1° Par des engagements volontaires et par des rengagements ;
2° Par l'appel annuel d'un contingent.

ART. 2. — La force du contingent à appeler pour le recrutement de l'armée est déterminée chaque année par le Corps-Législatif dans une loi spéciale.

Cette loi divise en outre le contingent en deux portions, dont l'une est incorporée à l'armée active et l'autre laissée dans la réserve.

ART. 3. — La durée du service pour les jeunes gens incorporés à l'armée active est de cinq ans, à l'expiration desquels ils servent quatre ans dans la réserve.

La durée du service pour les jeunes gens laissés dans la réserve est de cinq ans.

Les jeunes gens laissés dans la réserve ne peuvent être appelés à l'activité que par un décret de l'Empereur.

Les militaires qui entrent dans la réserve après cinq années de service accomplies ne peuvent être rappelés à l'activité que par décret de l'Empereur, et par classe, en commençant par la moins ancienne. Ils peuvent se marier sans autorisation dans les deux dernières années de leur service. Cette faculté est suspendue par l'effet du décret de rappel à l'activité.

Les hommes mariés de la réserve restent soumis à toutes les obligations du service militaire.

ART. 4. — La durée du service dans l'armée active et dans la réserve compte du 1er juillet de l'année du tirage au sort.

En temps de paix, les militaires qui ont achevé leur temps de service reçoivent leur congé de libération le 30 juin de chaque année.

Ils ne le reçoivent en temps de guerre qu'après l'arrivée au corps du contingent destiné à les remplacer.

ART. 5. — Sont abrogés les titres II, III et V de la loi du 26 avril 1855 relative à la dotation de l'armée et les lois du 24 juillet 1860 et 4 juin 1864.

Les substitutions d'hommes sur la liste cantonale et le remplacement sont autorisés conformément aux articles 17, 18, 19, 20, 21, 22, 23, 24, 28 et 29 de la loi du 21 mars 1832, lesquels sont remis en vigueur.

Est également remis en vigueur le titre III de la même loi ; toutefois la durée de l'engagement volontaire est de deux ans au moins.

L'engagement volontaire ne confère l'exemption prononcée par le numéro 6 de l'article 13 de la loi du 21 mars 1832 qu'autant qu'il a été contracté pour une durée de neuf ans, conformément au paragraphe 1er de l'article 3 ci-dessus.

ART. 6 (1). — Les causes d'exemption prévues par les numéros 3, 4, 5, 6, et 7 de l'article 13 de la loi du 21 mars 1832 doivent, pour produire leur effet légal, exister au jour où le conseil de révision est appelé à statuer.

Celles qui surviennent entre la décision du conseil de révision et le 1er juillet, point de départ de la durée du service, ne modifient pas la position légale des jeunes gens désignés pour faire définitivement partie du contingent.

ART. 7. Les jeunes soldats qui n'auront pas accompli leur temps de service au 1er janvier 1868 pourront, à l'expiration de leur cinquième année, obtenir de passer du service actif dans la réserve, à la condition de contracter l'engagement d'y servir quatre ans,

# TITRE II

## DE LA GARDE NATIONALE MOBILE

### SECTION PREMIÈRE

DE SA COMPOSITION. — DE SON OBJET. — DE LA DURÉE DU SERVICE

ART. 8. — Une garde nationale mobile sera constituée à l'effet de concourir,

---

(1) Amendement maintenu par la Commission :

ART. 6. — Le numéro 1 de l'article 13 de la loi du 21 mars 1832 relatif à l'exemption pour défaut de taille est modifié ainsi qu'il suit :

« Ceux qui n'auront pas la taille de 1 mètre 45 c. »

Les causes d'exemption, etc., etc... (comme dans l'art. 6 du projet ci-dessus).

comme auxiliaire de l'armée active, à la défense des places fortes, des côtes et frontières de l'Empire, et au maintien de l'ordre dans l'intérieur.

Elle ne peut être appelée à l'activité que par une loi spéciale.

Toutefois, les bataillons qui la composent peuvent être réunis au chef-lieu ou sur un point quelconque de leur département, par un décret de l'Empereur, dans les vingt jours précédant la présentation de la loi de mise en activité.

Dans ce cas, le Ministre de la Guerre pourvoit au logement et à la nourriture des officiers, sous-officiers, caporaux et soldats.

ART. 9. — La garde nationale mobile se compose :

1° Des jeunes gens des classes des années 1867 et suivantes qui n'ont pas été compris dans le contingent, en raison de leur numéro du tirage ;

2° De ceux des mêmes classes auxquels il a été fait application des cas d'exemption prévus par les numéros 3, 4, 5, 6 et 7 de l'article 13 de la loi du 21 mars 1832 ;

3° Des militaires de la seconde portion du contingent qui ont accompli cinq ans de service dans la réserve.

Peuvent également être admis dans la garde nationale mobile ceux qui, libérés du service militaire, demandent à en faire partie.

Les conseils de révision exemptent du service de la garde nationale mobile les jeunes gens compris sous les paragraphes 1 et 2 de l'article 13 de la loi de 1832 ou dans un des cas de dispense prévus par l'article 14 de la même loi.

Ils peuvent exempter comme soutiens de famille, et jusqu'à concurrence de 10 p. 100, ceux qui auraient été trouvés propres au service et qui auront le plus de titres à l'exemption.

ART. 10. — La durée du service dans la garde nationale mobile est de cinq ans pour les jeunes gens qui n'ont pas été compris dans le contingent.

Elle compte du 1er juillet de l'année de leur tirage au sort.

Elle est de quatre ans pour les jeunes gens de la deuxième partie du contingent, et compte du jour où ils ont accompli cinq années dans la réserve.

ART. 11. — Les jeunes gens composant la garde nationale mobile peuvent contracter mariage sans autorisation, à quelque période que ce soit de leur service.

Ils peuvent se faire remplacer par un Français âgé de moins de quarante ans, et remplissant les autres conditions exigées par les art 19, 20 et 21 de le loi du 21 mars 1832.

Le remplaçant est reçu par le conseil d'administration du bataillon auquel le garde national appartient.

Le remplacé est, en cas de désertion, responsable de son remplaçant.

Tout garde national mobile peut être admis comme remplaçant, dans l'armée active ou dans la réserve, s'il remplit les conditions des art. 19, 20 et 21 ci-dessus mentionnés ; le remplacé sert dans la garde nationale mobile pendant un temps égal à celui qui était dû par le remplaçant ; il est tenu de s'habiller et de s'équiper à ses frais.

## SECTION DEUXIÈME

DE L'ORGANISATION DE LA GARDE NATIONALE MOBILE. — DE SON INSTRUCTION. — DES PEINES DISCIPLINAIRES

ART. 12. — La garde nationale mobile est organisée par départements, en bataillons, compagnies et batteries.

Les officiers sont nommés par l'Empereur, et les sous-officiers et caporaux par l'autorité militaire.

Ils ne reçoivent de traitement que si la garde nationale mobile est appelée à l'activité.

Sont seuls exceptés de cette disposition, l'officier chargé spécialement de l'administration et les officiers et sous-officiers instructeurs.

ART. 13 (*). — Les jeunes gens de la garde nationale mobile sont soumis :

1° A des exercices qui ont lieu dans le canton de la résidence :

2° A des réunions par compagnie, par demi-bataillon ou par bataillon, qui ont lieu dans la circonscription de la compagnie ou du bataillon.

La durée des exercices et des réunions ne peut être de plus de deux mois et demi dans les cinq ans et de plus de vingt-cinq jours dans une seule année. Les jours et les époques de ces exercices et réunions sont déterminés de manière à gêner le moins possible le travail.

Si la durée des exercices ou réunions exige un déplacement de plus de douze heures, le Ministre de la Guerre pourvoit au logement et à la nourriture des officiers, sous-officiers, caporaux et soldats.

Sont exemptés des exercices ceux qui justifient d'une connaissance suffisante du maniement des armes et de l'école du soldat.

ART. 14. — Pendant la durée des exercices et des réunions, la garde nationale mobile est soumise à la discipline réglée par les articles 113, 114 et 116 de la section II du titre V de la loi du 13 juin 1851 sur la garde nationale, ainsi que par les articles 5, 81 et 83 de la loi.

Les peines énoncées à l'article 113 sont applicables, selon la gravité des cas, aux fautes énumérées aux articles 73, 74 et 76 de la section 1re du titre IV.

La privation du grade est encourue dans les cas prévus aux art. 75 et 79 ; elle est prononcée :

Pour les officiers, par l'Empereur, sur un rapport du Ministre de la Guerre ;

Pour les sous-officiers, caporaux ou brigadiers, par l'autorité militaire.

Les officiers, sous-officiers, caporaux ou brigadiers, employés à l'administration ou à l'instruction sont soumis à la discipline militaire pendant la durée de leurs fonctions.

## SECTION TROISIÈME

### DE LA MISE EN ACTIVITÉ

ART. 15. — A dater de la promulgation de la loi de mise en activité de la garde nationale mobile, les officiers, sous-officiers, caporaux et gardes nationaux qui la composent sont soumis à la discipline et aux lois militaires. Ils supportent les

---

(*) Amendement maintenu par la Commission :

Art. 13. — Les jeunes gens de la garde nationale mobile sont soumis :

1° A des exercices qui ont lieu dans le canton de la résidence ou du domicile ;

2° A des réunions par compagnie ou par bataillon.

Chaque exercice ou réunion ne peut donner lieu, pour les jeunes gens qui y sont appelés, à un déplacement de plus d'une journée.

Ces exercices et réunions ne peuvent se répéter plus de quinze fois par année.

Sont exemptés des exercices ceux qui justifient d'une connaissance suffisante du maniement des armes et de l'école du soldat.

charges et jouissent des avantages attachés à la situation des soldats, caporaux, sous-officiers et officiers de l'armée.

## SECTION QUATRIÈME

### DISPOSITIONS TRANSITOIRES

Art. 16. — Font partie de la garde nationale mobile, à partir de la promulgation de la présente loi : les hommes célibataires ou veufs sans enfants des classes de 1866, 1865, 1864 et 1863 qui ont été libérés par les conseils de révision.

Ceux de la classe de 1866 y serviront 4 ans.
    —        —      1865    —    3 —
    —        —      1864    —    2 —
    —        —      1863    —    2 —

Art. 17. — Le maire, assisté des quatre conseillers municipaux les premiers inscrits sur le tableau, dresse l'état de recensement des jeunes gens de sa commune, qui doivent faire partie de la garde nationale mobile conformément à l'article précédent.

A Paris et à Lyon, cet état est dressé par le préfet ou son délégué, assisté de trois membres du Conseil municipal et du maire de chaque arrondissement, pour le recensement de cet arrondissement.

Art. 18. — Un conseil de révision par arrondissement juge, en séance publique, les causes d'exemption, qui ne peuvent être que celles prévues par les numéros 1 et 2 de l'article 13 de la loi de 1832, et les cas de dispenses prévus par l'article 14 de la même loi.

Toutefois ce conseil de révision peut exempter, comme soutiens de famille, jusqu'à concurrence de 10 p. 100, ceux qui auront le plus de titres à l'exemption.

Ce conseil est présidé :

Au chef-lieu du département,

Par le préfet ou par le conseiller de préfecture délégué par lui ;

Au chef-lieu des autres arrondissements,

Par le sous-préfet.

Il comprend en outre :

Un membre du Conseil général,

Un membre du Conseil d'arrondissement,

Un officier désigné par le général commandant le département.

En cas de partage, la voix du président est prépondérante.

Un médecin militaire est attaché au conseil de révision.

Ce conseil se transporte successivement dans les différents chefs-lieux et cantons de l'arrondissement.

Toutefois, selon les localités, le président peut réunir, pour les opérations du conseil, les jeunes gens appartenant à plusieurs cantons.

Art. 19. — La réunion des listes arrêtées par les conseils de révision des arrondissements forme la liste du contingent départemental.

Les jeunes gens faisant partie de ce contingent sont inscrits sur les registres matricules de la garde nationale mobile du département et répartis en compagnies et en bataillons d'infanterie et en batteries d'artillerie.

# PROJET DE LOI
*Sur la Presse*

## NOUVELLE RÉDACTION
ADOPTÉE PAR LA COMMISSION ET LE CONSEIL D'ÉTAT

ARTICLE PREMIER. — Tout Français majeur et jouissant de ses droits civils et politiques peut, sans autorisation préalable, publier un journal ou écrit périodique paraissant soit régulièrement et à jour fixe, soit par livraisons et irrégulièrement.

ART. 2. — Aucun journal ou écrit périodique ne peut être publié s'il n'a été fait, à Paris, à la préfecture de police, et dans les départements, à la préfecture, et quinze jours au moins avant la publication, une déclaration contenant :

1º Le titre du journal ou écrit périodique et les époques auxquelles il doit paraître ;

2º Le nom, la demeure et les droits des propriétaires autres que les commanditaires ;

3º Le nom et la demeure du gérant ;

4º L'indication de l'imprimerie où il doit être imprimé.

Toute mutation dans les conditions ci-dessus énumérées est déclarée dans les quinze jours qui la suivent.

Toute contravention aux dispositions du présent article est punie des peines portées dans l'article 5 du décret du 17 février 1852.

ART. 3. — *Le droit de timbre fixé par l'article 6 du décret du 17 février 1852 est réduit à cinq centimes dans le département de la Seine et de Seine-et-Oise et à deux centimes partout ailleurs.*

Les journaux et écrits périodiques uniquement consacrés aux lettres, aux sciences aux beaux-arts et à l'agriculture sont exempts de timbre, à moins qu'ils ne contiennent des avis, *réclames*, ou annonces de quelque nature qu'ils soient. Dans ce cas, ces journaux et écrits périodiques sont assujettis à des droits de timbre dont la quotité est fixée à deux centimes dans les départements de la Seine et de Seine-et-Oise et à un centime partout ailleurs.

N'est pas considéré comme avis, *réclames* ou annonces, la publication pure et simple :

1º Des mercuriales et *bulletins des foires et des marchés.*

2º Des cours officiels des valeurs cotées aux bourses françaises.

ART. 4. — Sont considérées comme suppléments et assujetties au timbre ainsi que le journal lui-même, s'il n'est déjà timbré, les feuilles contenant des avis, *réclames* ou annonces, lorsqu'elles servent de couverture au journal ou qu'elles y sont annexées, ou lorsque, publiées séparément, elles sont néanmoins distribuées ou vendues en même temps.

ART. 5. — Sont exempts du timbre et des droits de poste les suppléments des journaux ou écrits périodiques assujettis au cautionnement, lorsque ces suppléments ne comprennent ni avis, ni *réclames*, ni annonces de quelque nature qu'ils soient, et que la moitié au moins de leur superficie est consacrée à la reproduction des documents énumérés en l'article 1er de la loi du 2 mai 1861.

ART. 6. — Sont applicables, en cas de contravention aux articles précédents, les dispositions des articles 10 et 11, § 1er, du décret du 17 février 1852.

Si le journal n'est pas soumis au cautionnement, l'amende ne pourra, au total, dépasser le tiers du cautionnement auquel il aurait été assujetti s'il eût traité de matières politiques ou d'économie sociale.

ART. 7. — Au moment de la publication de chaque feuille ou livraison du journal ou écrit periodique, il sera remis à la préfecture pour les chefs-lieux de département, à la sous-préfecture pour ceux d'arrondissement, et pour les autres villes à la mairie, deux exemplaires signés du gérant responsable ou de l'un d'eux, s'il y a plusieurs gérants responsables.

Pareil dépôt sera fait au parquet du procureur impérial ou à la mairie, dans les villes où il n'y a pas de tribunal de première instance.

Ces exemplaires sont dispensés du droit de timbre.

ART. 8. — Aucun journal ou écrit périodique ne pourra être signé par un membre du Sénat ou du Corps-Législatif en qualité de gérant responsable. En cas de contravention, le journal sera considéré comme non signé, et la peine de 500 à 3,000 francs d'amende sera prononcée contre les imprimeurs et propriétaires.

ART. 9. — La publication, par un journal ou écrit périodique, d'un article signé par une personne privée de ses droits civils et politiques, ou à laquelle le territoire de France est interdit, est punie d'une amende de 1,000 francs à 5,000 francs, qui sera prononcée contre les éditeurs ou gérants dudit journal ou écrit périodique.

ART. 10. — En matière de poursuites pour délits et contraventions commis par la voie de la presse, la citation directe devant le tribunal de police correctionnelle ou la Cour impériale *sera donnée conformément aux dispositions de l'article 184 du Code d'instruction criminelle.* Le prévenu qui a comparu devant le tribunal ou devant la Cour ne peut plus faire défaut.

ART. 11. — Dans tous les cas où les lois prononcent contre les délits commis par la voie de la presse périodique, l'emprisonnement et l'amende, l'amende seule sera prononcée. Cette amende sera, pour les journaux soumis au cautionnement, au minimum du quinzième de ce cautionnement, et au maximum de la moitié. Pour les journaux ou écrits périodiques non assujettis au cautionnement, le minimum de l'amende et fixé à 500 francs et le maximum à 10,000 francs.

ART. 12. — Tout individu condamné pour délit de presse commis par la voie d'un journal ou écrit périodique, ou par un écrit non périodique soumis au timbre, peut être, par le jugement de condamnation, suspendu, pendant un temps qui n'excédera pas cinq ans, de l'exercice de ses droits électoraux.

ART. 13. — Une condamnation pour crime commis par la voie de la presse entraîne de plein droit la suppression du journal dont le gérant a été condamné.

Pour le cas de la récidive dans les deux années à partir de la première condamnation pour délit de presse autre que ceux commis contre les particuliers, les tribunaux peuvent, en réprimant un nouveau délit de même nature, prononcer la suspension du journal ou écrit périodique pour un temps qui ne sera pas moindre de quinze jours ni supérieur à deux mois.

Une suspension de deux à six mois peut être prononcée pour une troisième condamnation dans le même délai. Elle peut l'être également par un premier jugement ou arrêt de condamnation, si la condamnation est encourue pour provocation à l'un des crimes prévus par les articles 86, 87 et 91 du Code pénal, *ou pour délit prévu par l'article 9 de la loi du 17 mai 1819.*

Pendant toute la durée de la suspension, le cautionnement demeurera déposé au Trésor et ne pourra recevoir une autre destination.

ART. 14. — L'exécution provisoire du jugement ou de l'arrêt qui prononce la suspension ou la suppression d'un journal ou écrit périodique pourra, par une disposition spéciale, être ordonnée nonobstant opposition, appel ou pourvoi en cassation en ce qui touche la suspension ou la suppression.

Il en sera de même pour la consignation de l'amende, sans préjudice des dispositions des articles 29, 30 et 31 du décret du 17 février 1852.

Au cas d'exécution provisoire prononcée par le tribunal de police correctionnelle, le condamné même par défaut peut immédiatement interjeter appel; il sera statué par la Cour dans le délai de trois jours.

ART. 15. — Les professions d'imprimeur et de libraire sont affranchies de l'obligation du brevet.

Tout imprimeur ou libraire ne peut établir ou déplacer le siége de sont industrie, non plus que ses magasins et dépôts, sans en avoir fait la déclaration préalable, à Paris, à la préfecture de police, et dans les départements, à la préfecture.

Cette déclaration indiquera les localités où seront établis, soit les presses, soit les magasins ou dépôts.

Le défaut de déclaration préalable est puni, contre les propriétaires ou gérants d'un emprisonnement d'un mois à deux ans et d'une amende de 3,000 francs à 10,000 francs.

L'établissement sera fermé.

ART. 16. — L'article 463 est applicable aux crimes, délits et contraventions commis par la voie de la presse.

Toutefois, dans les cas mentionnés par l'article 11 de la présente loi, s'il est reconnnu qu'il existe des circonstances *atténuantes, la peine ne peut être inférieure au cinquantième du cautionnement pour les journaux soumis au cautionnement, et à 150 francs pour les journaux et écrits qui n'y sont pas assujettis:*

ART. 17, — Sont abrogés les articles 1, 24 et 32 du décret du 17 février 1852, l'article 11 de la loi du 21 octobre 1814, le décret du 22 mars 1852, et généralement les dispositions des lois antérieures contraires à la présente loi.

---

# PROJET DE LOI
## *Sur les réunions publiques*

## NOUVELLE RÉDACTION
### ADOPTÉE PAR LA COMMISSION ET LE CONSEIL D'ÉTAT

### TITRE PREMIER
#### DES RÉUNIONS PUBLIQUES NON POLITIQUES

ARTICLE PREMIER. — Les réunions publiques peuvent avoir lieu sans autorisation préalable, sous les conditions prescrites par les articles suivants.

Toutefois les réunions publiques ayant pour objet de traiter de matières politiques ou religieuses, continuent à être soumises à cette autorisation.

ART. 2. — Chaque réunion doit être précédée d'une déclaration signée par sept personnes domiciliées dans la commune où elle doit avoir lieu, et jouissant de leurs droits civils et politiques.

Cette déclaration indique les noms, qualités et domiciles des déclarants, le *local*, le lieu, le jour et l'heure de la séance, ainsi que l'objet *spécial et déterminé* de la réunion.

Elle est *remise*, à Paris, au Préfet de police, dans les départements, au Préfet ou au Sous-Préfet.

Il *en* est donné *immédiatement un* récépissé *qui* doit être représenté à toute réquisition des agents de l'autorité.

ART. 3. — Une réunion ne peut être tenue que dans un local clos et couvert. Elle ne peut se prolonger au-delà de l'heure fixée par l'autorité compétente pour la fermeture des lieux publics.

ART. 4. — Chaque réunion doit avoir un bureau composé d'un président et de deux assesseurs au moins qui sont chargés de maintenir l'ordre dans l'assemblée et d'empêcher toute infraction aux lois.

Les membres du bureau ne doivent tolérer la discussion d'aucune question étrangère à l'objet de la réunion.

ART. 5. — Un fonctionnaire de l'ordre judiciaire ou administratif, délégué par l'Administration, peut assister à la séance.

Il doit être revêtu de ses insignes et prend une place à son choix.

ART. 6. — Le fonctionnaire qui assiste à la réunion a le droit d'en prononcer la dissolution : 1º si le bureau, bien qu'averti, laisse mettre en discussion des questions étrangères à l'objet de la réunion ; 2º si la réunion devient tumultueuse.

Les personnes réunies sont tenues de se séparer à la première réquisition.

Le délégué dresse procès-verbal des faits et le transmet à l'autorité compétente.

ART. 7 *(nouveau). Il n'est pas dérogé par les articles 5 et 6 aux droits qui appartiennent aux maires en vertu des lois existantes.*

## TITRE II

### DES RÉUNIONS PUBLIQUES ÉLECTORALES

ART. 8 (ancien art. 7). Des réunions électorales peuvent être tenues à partir de la promulgation du décret de convocation d'un collége pour l'élection d'un député au Corps-Législatif, jusqu'au cinquième jour avant celui fixé pour l'ouverture du scrutin.

Ne peuvent assister à cette réunion que les électeurs de la circonscription électorale et les candidats qui ont rempli les formalités prescrites par l'article 1er du sénatus-consulte du 17 février 1858.

*Ils doivent, pour y être admis, faire connaître leurs nom, qualité et domicile.*

*La réunion ne peut avoir lieu qu'un jour franc après la délivrance du récépissé qui doit suivre immédiatement la déclaration.*

Toutes les *autres* prescriptions des articles 2, 3, 4, 5 et 6 sont applicables aux réunions électorales.

## TITRE III

### DISPOSITIONS GÉNÉRALES

ART. 9 (ancien art. 8). Sont punis d'une amende de 200 francs à 5,000 francs et d'un emprisonnement de six jours à six mois, pour contravention aux dispositions de la présente loi :

1º Ceux qui ont organisé, dirigé ou présidé une réunion, et ceux qui ont prêté ou loué le local où elle a été tenue, en cas de contravention aux articles 2 et 3 *et au quatrième paragraphe de l'article 8* ;

2º Ceux qui ont siégé au bureau, en cas de contravention aux articles 3 et 4 ;

3º Ceux qui se sont livrés à des discussions étrangères à l'objet de la réunion ;

4º Ceux qui se sont introduits dans une réunion électorale en contravention au deuxième paragraphe de l'article 8 ;

Sans préjudice des poursuites qui peuvent être exercées pour tous crimes ou délits commis dans ces réunions publiques et de l'application des dispositions pénales relatives aux associations ou réunions non autorisées.

ART. 10 (2e § de l'ancien art. 9). — Tout membre du bureau ou de l'assemblée, qui n'obéit pas à la réquisition faite à la réunion par le représentant de l'autorité d'avoir à se disperser, est puni d'une amende de 300 francs à 6,000 fr., et d'un emprisonnement de quinze jours à un an, sans préjudice des peines portées par le Code pénal pour résistance, désobéissance et autres manquements envers l'autorité publique.

ART. 11 (1er § de l'ancien art. 9). Quiconque se présente dans une réunion avec des armes apparentes ou cachées est puni d'un emprisonnement de un mois à un an et d'une amende de 300 francs à 10,000 francs.

ART. 12 (ancien art. 10). Dans tous les cas prévus par la présente loi, les tribunaux peuvent prononcer contre le condamné la privation de ses droits électoraux pendant un an au moins et cinq ans au plus.

ART. 13 (ancien art. 11). L'article 463 du Code pénal est applicable aux délits et aux contraventions prévus par la présente loi.

ART. 14 (ancien art. 12). Le Préfet de police à Paris, les Préfets dans les départements, peuvent ajourner toute réunion qui leur paraît de nature à troubler l'ordre ou à compromettre la sécurité publique.

L'interdiction de la réunion ne peut être prononcée que par décision du Ministre de l'Intérieur.

ART. 15 (ancien art. 13). Sont abrogés les lois et décrets antérieurs, en ce qu'ils ont de contraire à la présente loi.

Lectoure, Imprimerie J. Oriacombe.